Mari Celli

Tabuada sempre à mão

TABUADA E OUTROS APRENDIZADOS COM NÚMEROS

CÍRCULO
editora

Copyright © Mari Celli, 2020

Coordenação editorial: **Débora Guterman**
Revisão: **Laila Guilherme**
Projeto gráfico e diagramação: **Gustavo Abumrad**
Imagens de capa: **Freepik.com**
Impressão: **Edições Loyola**

DADOS INTERNACIONAIS DE CATALOGAÇÃO NA PUBLICAÇÃO (CIP)
Angélica Ilacqua CRB-8/7057

Celli, Mari
Tabuada sempre à mão / Mari Celli. — São Paulo: Círculo, 2020
32 p.: il.

ISBN: 978-65-992441-0-0

1. Tabuada 2. Matemática 3. Numerais 4. Educação infantil
I. Título
20-3533   CDD 372.72

Índices para catálogo sistemático:
1. Tabuada : Educação infantil

2020
Todos os direitos desta edição reservados à
CÍRCULO EDITORA
Rua São Constâncio, 615
Vila Mafra – São Paulo/SP
CEP: 03414-010
Tel. (11) 2598-5650
E-mail: contato@circuloeditora.com.br

MARI CELLI

Tabuada
sempre à mão

TABUADA E OUTROS APRENDIZADOS COM NÚMEROS

CÍRCULO
editora

Sistema de numeração decimal

O sistema de numeração decimal tem esse nome por ser formado por 10 algarismos (símbolos) diferentes. Por esse motivo, afirmamos também que é um sistema de base 10. Os algarismos que o compõem são 0, 1, 2, 3, 4, 5, 6, 7, 8 e 9.

CARACTERÍSTICAS

➡ É um sistema posicional, ou seja, a posição do algarismo no número modifica o seu valor.

➡ As quantidades são agrupadas de 10 em 10 e recebem as seguintes denominações:

- 10 unidades = 1 dezena
- 10 dezenas = 1 centena
- 10 centenas = 1 unidade de milhar, e assim por diante.

➡ Possui símbolos diferentes para representar quantidades de 1 a 9 e um símbolo para representar a ausência de quantidade ou zero (0), e, mesmo tendo poucos símbolos, é possível representar todos os números.

Veja estes exemplos:

Agora é a sua vez:

Você sabe quantas unidades há em 5 dezenas? _____.

E em 3 centenas? _____.

CLASSES E ORDENS

No sistema de numeração decimal, cada algarismo representa uma ordem, e a cada três ordens temos uma classe.

▌Como ler números grandes?

Classe dos bilhões			Classe dos milhões			Classe dos milhares			Classe das unidades		
12ª ordem	11ª ordem	10ª ordem	9ª ordem	8ª ordem	7ª ordem	6ª ordem	5ª ordem	4ª ordem	3ª ordem	2ª ordem	1ª ordem
Centenas de bilhão	Dezenas de bilhão	Unidades de bilhão	Centenas de milhão	Dezenas de milhão	Unidades de milhão	Centenas de milhar	Dezenas de milhar	Unidades de milhar	Centenas	Dezenas	Unidades

➜ **Número 12839696**
1. Separamos em blocos de 3 algarismos, da direita para a esquerda: 12.839.696.
2. Notamos que o 12 pertence à classe dos **milhões**, o 839 à classe dos **milhares** e o 696 à das **unidades**.
3. O número é lido da seguinte forma: doze milhões, oitocentos e trinta e nove mil, seiscentos e noventa e seis.

EXERCÍCIO

1) Consulte a tabela abaixo e responda:

UF	Município	População estimada (2020)
SP	São Paulo	12.325.232
DF	Brasília	3.055.149
CE	Fortaleza	2.686.612

Fonte: IBGE. Link: https://cidades.ibge.gov.br, acessado em 06/09/2020.

a) Qual é o município com o maior número de habitantes?

_____

b) Escreva por extenso o número de habitantes de Fortaleza:

_____

_____

c) Escreva por extenso o número de habitantes de Brasília:

_____

_____

VALOR ABSOLUTO E VALOR RELATIVO

Valor absoluto é o valor do algarismo, independentemente da posição que ele ocupa no número. Por exemplo, no número **2.872.347**, o valor absoluto do número 8 é 8.

Agora é a sua vez:

O valor absoluto do número 3 é _____.

O valor absoluto do número 7 é _____.

Já o **valor relativo**, também chamado de valor posicional, diz respeito à posição que um número ocupa. No número do nosso exemplo, **2.872.347**, o valor relativo ou posicional do número 8 é 800.000.

Agora é a sua vez:

O valor relativo do número 3 é _____.

O número 2 tem dois valores relativos. Quais são eles?

_____ e _____.

Adição

A adição é uma operação da matemática que consiste em agrupar dois ou mais números naturais, conhecidos como parcelas, que produzem um resultado, que chamamos de soma ou total. Veja um exemplo:

Luísa cria gatos. Ela tem 32 gatos machos e 47 gatos fêmeas, e queremos saber quantos gatos Luísa tem no total. Para isso, devemos somar machos e fêmeas.

32 + 47 = ?

LEMBRE-SE DE SEMPRE COMEÇAR PELA UNIDADE OU O NÚMERO DA DIREITA E DE SOMAR UNIDADE COM UNIDADE, DEZENA COM DEZENA E ASSIM POR DIANTE.

	dezena	unidade
32	3	2
47	4	7
Total	7	9

Termos da adição

$$32 \longrightarrow \text{Parcela}$$
$$+47 \longrightarrow \text{Parcela}$$
$$79 \longrightarrow \text{Soma ou total}$$

Resposta: Luísa tem 79 gatos no total.

Vamos continuar e fazer juntos agora um exercício de **adição com reagrupamento**. Se chegarem mais 4 gatos machos ao gatil, então serão 36 gatos machos. Nesse caso, Luísa terá que cuidar de quantos gatos no total?

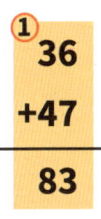

$$\begin{array}{r} ① \\ 36 \\ +47 \\ \hline 83 \end{array}$$

1. Somamos as unidades: 6 + 7 = 13.

2. Trocamos dez unidades por uma dezena: 13 = 1 dezena + 3 unidades.

3. Somamos as dezenas: 1 + 3 + 4 = 8.

Resposta: O total de gatos será de 83.

Reforçando...

Você lembra o nome que se dá para cada termo nessa operação?

Os números 36 e 47 são as _____ e o 83, o _____.

EXERCÍCIO

Resolva em uma folha à parte e escreva a resposta no espaço indicado:

1) Para a campanha de doação de agasalhos, João arrecadou 38 agasalhos e Ana, 52. Quantos agasalhos eles arrecadaram no total? _____.

2) Na escola de André estudam 326 meninas e 368 meninos. Qual é o total de alunos na escola de André? _____.

3) Comprei um livro de aventura e já li 356 páginas, mas ainda faltam 144 páginas para eu acabar de ler. Quantas páginas tem meu livro? _____.

Subtração

A operação inversa à adição é a subtração. Nessa operação, um valor é subtraído do outro, ou seja, uma quantidade é retirada de outra, e chamamos o valor resultante de resto ou diferença. Veja um exemplo:

Paulo comprou 35 espigas de milho e cozinhou 11. Quantas espigas sobraram?

$$35 - 11 = ?$$

	dezena	unidade
35	3	5
11	1	1
Total	2	4

ASSIM COMO NA ADIÇÃO, NA SUBTRAÇÃO VOCÊ DEVE SEMPRE COMEÇAR PELA UNIDADE OU O NÚMERO DA DIREITA E SUBTRAIR UNIDADE DE UNIDADE, DEZENA DE DEZENA E ASSIM POR DIANTE.

Termos da subtração

35 — Minuendo
−11 — Subtraendo
24 — Resto ou diferença

Resposta: Sobraram 24 espigas.

Vamos continuar e fazer juntos agora uma **subtração com rea-grupamento**. No dia seguinte, a mãe de Paulo cozinhou mais 16 espigas. Quantas espigas ainda sobraram?

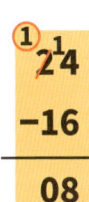

$$\begin{array}{r} 2\overset{1}{4} \\ -16 \\ \hline 08 \end{array}$$

1. Como não é possível subtrair 6 de 4 unidades, trocamos 1 dezena por 10 unidades, ficando com: 1 dezena e 14 unidades.

2. Subtraímos as unidades: $14 - 6 = 8$.

3. Subtraímos as dezenas: $1 - 1 = 0$.

   Resposta: Sobraram 8 espigas de milho.

Reforçando...

Você lembra o nome que se dá para cada termo nessa operação?

O número 24 é o _____,

o 16 é o _____

e o 8, o _____.

EXERCÍCIO

Resolva em uma folha à parte e escreva a resposta no espaço indicado:

1) Lucas está lendo um livro de 98 páginas. Ele já leu 63 páginas. Quantas páginas faltam para ele acabar a leitura? _____.

2) Júlia precisa colocar 252 livros em uma estante. Ela já guardou 137. Quantos livros ela ainda tem que guardar para organizar a estante? _____.

3) Na padaria Pão Gostoso, foram produzidos 246 biscoitos de nata e 314 de coco em um dia. Qual é a diferença entre a quantidade de biscoitos de nata e de coco? _____.

Multiplicação

Multiplicar é uma forma de somar números iguais de maneira abreviada. Assim, multiplicar 4×5, por exemplo, é o mesmo que somar quatro vezes o número 5, ou seja, 5 + 5 + 5 + 5. Aos números multiplicados damos o nome de fator, e o resultado é o produto. Veja um exemplo:

Freepik.com

Uma doceira vende bombons em caixas de vários tamanhos. Se ela colocar 12 bombons em cada caixa, de quantos bombons vai precisar para completar 5 caixas?

1. Calculamos $5 \times 2 = 10$, que são 1 dezena.
2. Calculamos $5 \times 1 = 5$.
3. Somamos a dezena restante.

Termos da multiplicação

$$
\begin{array}{r}
12 \\
\times 5 \\
\hline
60
\end{array}
$$

12 —Fator
×5 —Fator
60 —Produto

Resposta: Ela vai precisar de 60 bombons.

① 12
×15
60
+120
180

Vamos continuar. A doceira recebeu uma nova encomenda de 12 caixas com 15 bombons em cada uma. De quantos bombons ela vai precisar no total?

1. Calculamos $5 \times 12 = 60$.

2. Como $15 = 1$ dezena (10 unidades) $+ 5$ unidades, falta calcular 10×12.

Resposta: Ela vai precisar de 180 bombons.

Reforçando...

Você lembra o nome que se dá para cada termo nessa operação?

Os números 12 e 15 são os _____ e o número 180, o _____.

Freepik.com

EXERCÍCIO

Resolva em uma folha à parte e escreva a resposta no espaço indicado:

1) Em uma caixa há 45 limões. Em 7 caixas, caberão quantos limões? _____.

2) Gabriela tem 5 estojos de lápis de cor com 24 lápis em cada um. Quantos lápis Gabriela tem ao todo? _____.

3) Em uma sala há 5 prateleiras com 68 livros em cada uma. Quantos livros há na sala? _____.

Divisão

A divisão é a operação inversa à multiplicação. Dividir equivale a repartir ou distribuir algo de maneira imparcial.

TIPOS DE DIVISÃO

Há dois tipos de divisão: a **exata** e a **inexata**. Veja um exemplo de cada, começando pela **exata**:

Manoel tem 64 laranjas para fazer suco. Para cada copo de suco, utiliza 4 laranjas. Quantos copos de suco ele poderá fazer?

VOCÊ SABE O QUE É SER IMPARCIAL? É QUANDO AGIMOS DE FORMA JUSTA, SEM DAR PREFERÊNCIA NEM PREJUDICAR NINGUÉM.

Freepik.com

$$64 \div 4 = ?$$

1. Dividimos 6 dezenas por 4 ($6 \div 4 = 1$ dezena e restam 2).
2. Somamos 2 dezenas + 4 unidades, chegando a 24 unidades.
3. Dividimos 24 por 4. Como 4 vezes 6 é igual a 24, 24 dividido por 4 é igual a 6.

Termos da divisão

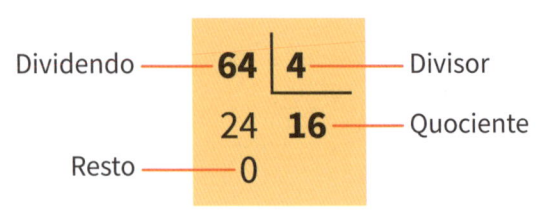

Dividendo ———— 64 | 4 ———— Divisor
24 **16** ———— Quociente
Resto ———— 0

Resposta: Manoel pode fazer 16 copos de suco.

Agora, veja um exemplo de **divisão inexata**.

A mãe de Júlia comprou 15 pulseiras. Se ela dividir igualmente as pulseiras entre Júlia e sua irmã, quantas pulseiras cada uma ganhará? Sobrará alguma pulseira?

15 ÷ 2 = ?

$$\begin{array}{r|l} 15 & 2 \\ \underline{14} & 7 \\ 1 & \end{array}$$

Resposta: Cada menina ganhará 7 pulseiras, e sobrará 1 pulseira.

EXERCÍCIO

Resolva em uma folha à parte e escreva a resposta no espaço indicado:

1) Henrique coleciona figurinhas de jogadores de futebol e já acumulou 936. Ele quer dividir as figurinhas em 4 pacotes com quantidades iguais. Quantas figurinhas ele deve colocar em cada pacote? _____.

2) Alice comprou um sofá no valor de 1.050 reais. Ela dividiu sua compra em 5 parcelas iguais. Quanto ela pagará em cada parcela? _____.

3) Carla tem 45 bexigas e quer dividi-las entre suas três filhas. Quantas cada uma vai receber? _____.

Tabuada

Existem dois métodos tradicionais para auxiliar na operação de multiplicação: a Tabela ou Tabuada de Multiplicação e a Tabela Pitagórica ou Tábua de Pitágoras. A Tábua de Pitágoras é mais visual e dinâmica do que a Tabela de Multiplicação, como você pode perceber ao comparar as duas a seguir.

Quando estamos aprendendo a multiplicar, é muito comum tentarmos decorar as tabuadas. No entanto, o melhor é praticar sem pressa, pois, com o passar do tempo e o exercício constante, você se lembrará de tudo de forma automática.

Tabela ou Tabuada de Multiplicação				
$1 \times 1 = 1$	$2 \times 1 = 2$	$3 \times 1 = 3$	$4 \times 1 = 4$	$5 \times 1 = 5$
$1 \times 2 = 2$	$2 \times 2 = 4$	$3 \times 2 = 6$	$4 \times 2 = 8$	$5 \times 2 = 10$
$1 \times 3 = 3$	$2 \times 3 = 6$	$3 \times 3 = 9$	$4 \times 3 = 12$	$5 \times 3 = 15$
$1 \times 4 = 4$	$2 \times 4 = 8$	$3 \times 4 = 12$	$4 \times 4 = 16$	$5 \times 4 = 20$
$1 \times 5 = 5$	$2 \times 5 = 10$	$3 \times 5 = 15$	$4 \times 5 = 20$	$5 \times 5 = 25$
$1 \times 6 = 6$	$2 \times 6 = 12$	$3 \times 6 = 18$	$4 \times 6 = 24$	$5 \times 6 = 30$
$1 \times 7 = 7$	$2 \times 7 = 14$	$3 \times 7 = 21$	$4 \times 7 = 28$	$5 \times 7 = 35$
$1 \times 8 = 8$	$2 \times 8 = 16$	$3 \times 8 = 24$	$4 \times 8 = 32$	$5 \times 8 = 40$
$1 \times 9 = 9$	$2 \times 9 = 18$	$3 \times 9 = 27$	$4 \times 9 = 36$	$5 \times 9 = 45$
$1 \times 10 = 10$	$2 \times 10 = 20$	$3 \times 10 = 30$	$4 \times 10 = 40$	$5 \times 10 = 50$
$6 \times 1 = 6$	$7 \times 1 = 7$	$8 \times 1 = 8$	$9 \times 1 = 9$	$10 \times 1 = 10$
$6 \times 2 = 12$	$7 \times 2 = 14$	$8 \times 2 = 16$	$9 \times 2 = 18$	$10 \times 2 = 20$
$6 \times 3 = 18$	$7 \times 3 = 21$	$8 \times 3 = 24$	$9 \times 3 = 27$	$10 \times 3 = 30$
$6 \times 4 = 24$	$7 \times 4 = 28$	$8 \times 4 = 32$	$9 \times 4 = 36$	$10 \times 4 = 40$
$6 \times 5 = 30$	$7 \times 5 = 35$	$8 \times 5 = 40$	$9 \times 5 = 45$	$10 \times 5 = 50$
$6 \times 6 = 36$	$7 \times 6 = 42$	$8 \times 6 = 48$	$9 \times 6 = 54$	$10 \times 6 = 60$
$6 \times 7 = 42$	$7 \times 7 = 49$	$8 \times 7 = 56$	$9 \times 7 = 63$	$10 \times 7 = 70$
$6 \times 8 = 48$	$7 \times 8 = 56$	$8 \times 8 = 64$	$9 \times 8 = 72$	$10 \times 8 = 80$
$6 \times 9 = 54$	$7 \times 9 = 63$	$8 \times 9 = 72$	$9 \times 9 = 81$	$10 \times 9 = 90$
$6 \times 10 = 60$	$7 \times 10 = 70$	$8 \times 10 = 80$	$9 \times 10 = 90$	$10 \times 10 = 100$

Tabela Pitagórica ou Tábua de Pitágoras										
×	1	2	3	4	5	6	7	8	9	10
1	1	2	3	4	5	6	7	8	9	10
2	2	4	6	8	10	12	14	16	18	20
3	3	6	9	12	15	18	21	24	27	30
4	4	8	12	16	20	24	28	32	36	40
5	5	10	15	20	25	30	35	40	45	50
6	6	12	18	24	30	36	42	48	54	60
7	7	14	21	28	35	42	49	56	63	70
8	8	16	24	32	40	48	56	64	72	80
9	9	18	27	36	45	54	63	72	81	90
10	10	20	30	40	50	60	70	80	90	100

TABELA PITAGÓRICA OU TÁBUA DE PITÁGORAS

Ela é uma tabela de multiplicação que reúne todas as tabuadas, sendo mais fácil para consultar e encontrar o resultado. Para usá-la, você deve fazer o cruzamento de linhas e colunas. Veja um exemplo:

Para calcular 7×9, você deve primeiro localizar o multiplicando 7 na coluna da esquerda e, depois, o multiplicador 9 na primeira linha. O resultado está no encontro da coluna com a linha. Portanto, 7×9=63.

A divisão também pode ser feita através da Tábua de Pitágoras. Para dividir 63 por 9, localize o 9 na primeira linha, desça até o 63, siga a linha que ele ocupa na coluna à esquerda e então chegará ao resultado: 7.

×	1	2	3	4	5	6	7	8	9	10
1	1	2	3	4	5	6	7	8	9	10
2	2	4	6	8	10	12	14	16	18	20
3	3	6	9	12	15	18	21	24	27	30
4	4	8	12	16	20	24	28	32	36	40
5	5	10	15	20	25	30	35	40	45	50
6	6	12	18	24	30	36	42	48	54	60
7	7	14	21	28	35	42	49	56	63	70
8	8	16	24	32	40	48	56	64	72	80
9	9	18	27	36	45	54	63	72	81	90
10	10	20	30	40	50	60	70	80	90	100

Você sabe por que ela tem esse nome?

A Tábua de Pitágoras leva o nome de seu inventor, o filósofo grego Pitágoras. Ele nasceu cerca de 570 anos antes de Cristo (veja há quanto tempo!) e fez importantes contribuições nas áreas de matemática, filosofia, astronomia, literatura e música, que são utilizadas até hoje.

EXERCÍCIO

1) Usando a Tábua de Pitágoras, complete:

6×8 = _____   8×8 = _____   9×4 = _____

63÷7 = _____   18÷6 = _____   40÷5 = _____

2) Um prédio foi construído com 9 andares e, em cada andar, há 6 apartamentos. Quantos apartamentos o prédio tem? _____.

3) Em uma bandeja há 10 ovos. Em 9 bandejas, há quantos ovos? _____.

4) Se você dividir os doces da figura abaixo em 4 pacotes iguais, quantos doces cada pacote terá? _____

Freepik.com

Fração

Fração significa parte de um todo ou parte de alguma coisa. As frações são utilizadas para representar quantidades menores que uma unidade, ou seja, menores que 1. Veja um exemplo:

Ao repartir uma pizza inteira em 8 pedaços e comer 3 deles, a parte comida é uma fração da pizza, representada por $\frac{3}{8}$ (três oitavos). Já a fração que representa a parte da pizza que não foi comida é a de $\frac{5}{8}$ (cinco oitavos).

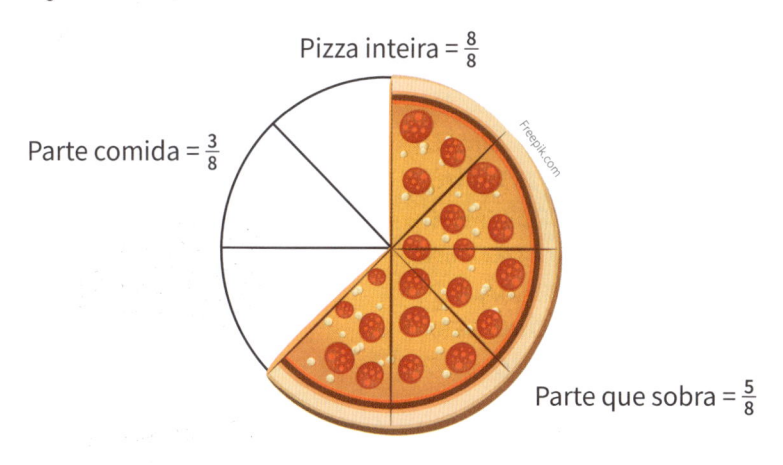

Pizza inteira = $\frac{8}{8}$

Parte comida = $\frac{3}{8}$

Parte que sobra = $\frac{5}{8}$

Termos da fração

$$\frac{3}{8}$$

3 —Numerador

8 —Denominador

FRAÇÃO DECIMAL E NÚMERO DECIMAL

A fração decimal é um tipo especial de fração, cujo denominador é uma potência de 10.

$\frac{1}{10}$ = um décimo =

Quando a fração decimal é escrita com números, damos a eles o nome de **números decimais**. Neste caso, separamos a parte inteira e a parte decimal por vírgula. Veja algumas formas de representá-las:

➡ Inteiro = 1

➡ Um décimo = $\frac{1}{10}$ ou 0,1

➡ Um centésimo = $\frac{1}{100}$ ou 0,01

➡ Um milésimo = $\frac{1}{1000}$ ou 0,001

> O NÚMERO DECIMAL FACILITA A FORMA COMO ESCREVEMOS UMA FRAÇÃO DECIMAL. ASSIM, A FRAÇÃO $\frac{127}{100}$ TAMBÉM PODE SER ESCRITA COMO 1,27.

Freepik.com

EXERCÍCIO

1) Complete o quadro:

	inteiros	décimos	centésimos
3,8	_____	_____	_____
0,7	_____	_____	_____
5,34	_____	_____	_____
12,35	_____	_____	_____

Porcentagem

A porcentagem representa um valor dividido por 100. É um cálculo matemático para descobrir a proporção entre o todo e uma de suas partes. O 100 representa o inteiro e a porcentagem, a parte proporcional desse inteiro. O símbolo da porcentagem é o %. Um valor em porcentagem pode também ser escrito na forma de fração centesimal (denominador igual a 100).

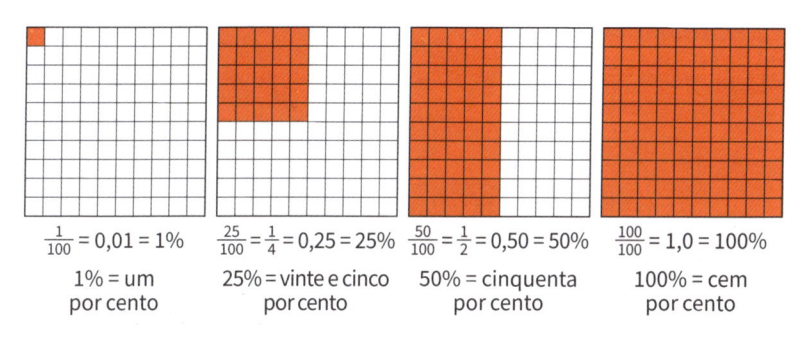

$\frac{1}{100} = 0,01 = 1\%$
1% = um
por cento

$\frac{25}{100} = \frac{1}{4} = 0,25 = 25\%$
25% = vinte e cinco
por cento

$\frac{50}{100} = \frac{1}{2} = 0,50 = 50\%$
50% = cinquenta
por cento

$\frac{100}{100} = 1,0 = 100\%$
100% = cem
por cento

COMO CALCULAR UMA PORCENTAGEM?

Podemos fazer contas na forma de fração ou de números decimais. Veja um exemplo:

A passagem aérea de Fortaleza para Recife, que custava R$ 165,00, teve um aumento de 10% no mês passado. Quanto ela passou a custar?

1. Transformamos a porcentagem em um número decimal:
   $$10\% = \frac{10}{100} = 0,10$$
2. Multiplicamos 165 por 0,10:

   $$\begin{array}{r} 165 \\ \times 0,10 \\ \hline 16,50 \end{array}$$
3. Somamos esse resultado ao valor inicial da passagem:
   165 + 16,50 = 181,50

   Resposta: A passagem passou a custar R$ 181,50.

Como calcular porcentagem na calculadora do celular

Você deve multiplicar o número pela taxa percentual, apertar a tecla %, mas não deve apertar a tecla igual (=).

EXERCÍCIO

1) Observe a tabela e pinte o resultado no gráfico abaixo.

	Brincadeira	Resultado
Verde	Bicicleta	0,60
Amarelo	Patinete	0,25
Vermelho	Patins	0,15

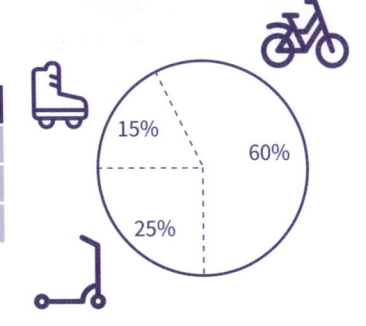

Resolva os exercícios abaixo numa folha à parte e assinale a resposta correta:

2) Em uma sala de aula há 30 alunos, dos quais 40% são meninas. Quantas meninas há na sala?

a) 10 meninas   **b)** 12 meninas

c) 15 meninas   **d)** 18 meninas

3) Um *videogame* custa R$ 2.200,00. Se Lucas comprar o aparelho e pagar à vista, terá um desconto de 25%. De quanto será esse desconto?

a) R$ 500,00   **b)** R$ 550,00

c) R$ 55,00   **d)** R$ 50,00

Sistemas de medida

Servem para mensurar grandeza, extensão, tamanho, peso ou espaço que ocupa um determinado objeto, pessoa ou alimento, por exemplo.

MEDIDAS DE COMPRIMENTO

O comprimento é o tamanho de um objeto. A medida principal para medi-lo é o metro (m).

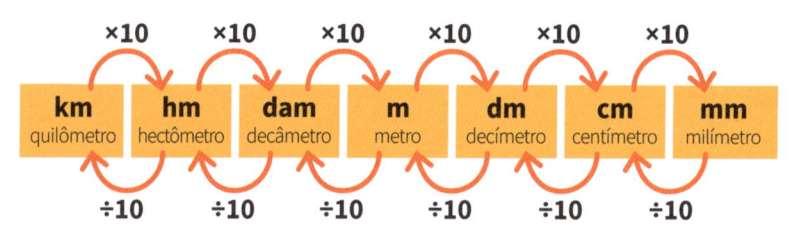

❚ Como converter medidas?

Para converter uma unidade maior para outra menor, você deve multiplicá-la por 10. Já para converter uma unidade menor para uma maior, você deve dividi-la por 10. Assim, se quisermos saber a quantos metros equivale 1 km, basta multiplicarmos 1 quilômetro por 10 três vezes, como você pode observar abaixo:

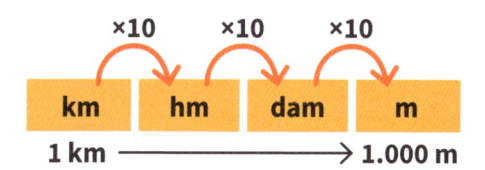

Agora é a sua vez:

Um metro equivale a _____ centímetros.

Um quilômetro equivale a 10 × 10 × 10 _____.

Um centímetro equivale a _____ metro.

MEDIDAS DE SUPERFÍCIE

Área

Área é a medida de uma superfície. A unidade de medida mais usada para saber o tamanho de uma área é o metro quadrado (m^2). Para calcular a área de um objeto, multiplicamos a altura pela largura. Portanto: $1 \text{ m} \times 1 \text{ m} = 1 \text{ m}^2$.

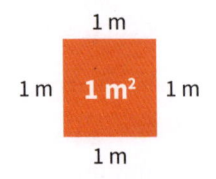

Perímetro

É a soma das medidas de comprimento das bordas de uma figura. Veja alguns exemplos:

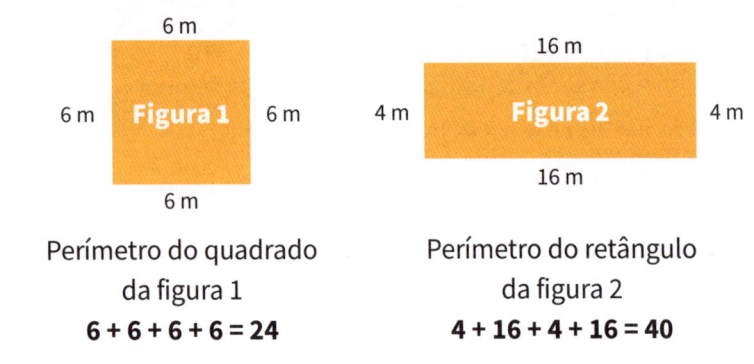

Perímetro do quadrado da figura 1

$6 + 6 + 6 + 6 = 24$

Perímetro do retângulo da figura 2

$4 + 16 + 4 + 16 = 40$

EXERCÍCIO

1) Qual o perímetro do campo de futebol da figura ao lado?

_____

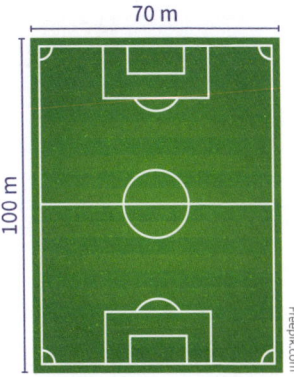

MEDIDAS DE VOLUME

Volume é o espaço ocupado por um corpo ou a capacidade que ele tem de comportar alguma substância. A principal unidade de medida de volume é o metro cúbico (m^3). Cada metro cúbico corresponde a mil litros. Para calcular o volume de um objeto, multiplicamos a altura, a largura e a profundidade dele:

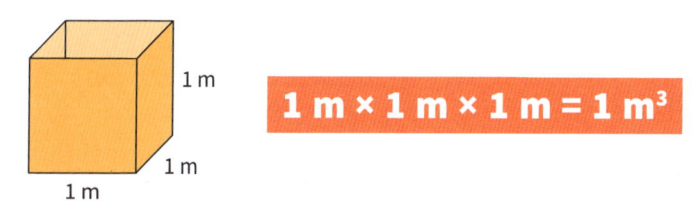

$$1\ m \times 1\ m \times 1\ m = 1\ m^3$$

MEDIDAS DE MASSA

A massa pode ser entendida como o peso de um objeto, alimento, pessoa ou animal, e sua principal unidade de medida é o grama (g).

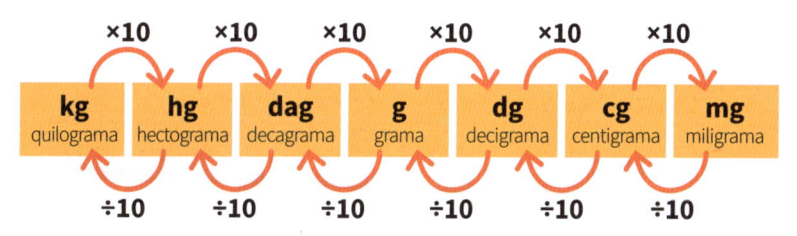

EXERCÍCIO

1) Marque a medida de massa mais adequada para cada item:

a) Tablet
[   ] 600 mg
[   ] 600 g
[   ] 600 kg

b) Geladeira
[   ] 65 g
[   ] 65 kg
[   ] 65 mg

c) Caneta
[   ] 10 mg
[   ] 10 g
[   ] 10 kg

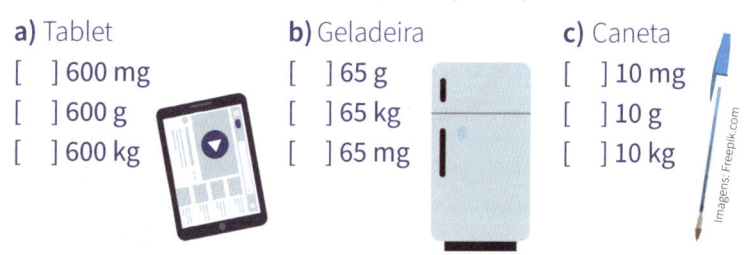

MEDIDAS DE TEMPO

São as grandezas utilizadas para medir as diversas quantidades de tempo. Segundo o Sistema Internacional de Medidas, a unidade de tempo padrão é o segundo (s).

Quais são as medidas de tempo?

No nosso dia a dia, há várias unidades de medida de tempo, como dias, anos e meses, mas a principal é a hora (h). Abaixo, estão alguns exemplos de medidas de tempo:

Unidade	Corresponde a	Unidade	Corresponde a
1 dia	24 horas	1 semestre	6 meses
1 semana	7 dias	1 ano	365 dias ou 12 meses
1 quinzena	15 dias	1 década	10 anos
1 bimestre	2 meses	1 século	100 anos
1 trimestre	3 meses	1 milênio	1.000 anos

EXERCÍCIO

1) Ao fazer sua tarefa de casa, Felipe observou, no relógio de parede da cozinha, os horários de início e fim, conforme mostram os relógios abaixo:

Início   Fim

Quanto tempo Felipe demorou para fazer sua tarefa de casa?

NUM RELÓGIO DE PONTEIRO, O MENOR REPRESENTA A HORA E O MAIOR, OS MINUTOS.

Freepik.com

Sistema monetário

Pode ser definido como o conjunto de moedas em circulação em um determinado país. Cédulas e moedas representam um valor e, geralmente, a cédula tem valor superior ao da moeda. A moeda brasileira chama-se Real, e seu símbolo é R$. As cédulas e moedas vigentes hoje são as seguintes:

Duzentos reais = R$ 200,00

Cem reais = R$ 100,00

Cinquenta reais = R$ 50,00

Vinte reais = R$ 20,00

Dez reais = R$ 10,00

Cinco reais = R$ 5,00

Dois reais = R$ 2,00

Um real
= R$ 1,00

Cinquenta
centavos = R$ 0,50

Vinte e cinco
centavos = R$ 0,25

Dez centavos
= R$ 0,10

Cinco centavos
= R$ 0,05

VOCÊ SE LEMBRA DOS NÚMEROS DECIMAIS? ELES SÃO USADOS PARA REGISTRAR QUANTIAS EM DINHEIRO. POR EXEMPLO:

➡ Dez reais: **R$ 10,00**
➡ Dez centavos: **R$ 0,10**

1) Luciana quer dividir igualmente entre seus dois sobrinhos a quantia abaixo:

Quanto cada sobrinho vai receber?

a) R$ 15,50   **c)** R$ 9,50

b) R$ 11,00   **d)** R$ 5,50

2) A mãe de André pediu para ele contar o dinheiro que ela tinha em sua carteira. Ela tinha 1 nota de 100 reais, 1 de 50 reais, 3 de 10 reais e 6 de 5 reais.

a) Quantos reais a mãe de André tinha na carteira? _____.

b) Se ela tivesse essa mesma quantia somente em notas de 10 reais, quantas notas ela teria? _____.

3) Maria juntou dinheiro o ano todo para comprar uma bicicleta nova. Qual a diferença entre o preço da bicicleta à vista e a prazo? Assinale com um (**X**) a alternativa correta.

Preço à vista:
R$ 1.119,00
Preço a prazo:
R$ 1.234,00

a) R$ 203,00   **c)** R$ 115,00

b) R$ 118,00   **d)** R$ 125,00

Você sabe o que quer dizer pagamento à vista e a prazo?

Pagamento à vista é aquele em que pagamos em uma só parcela; pagamento a prazo é aquele em que dividimos o valor total em parcelas.

Recorte no pontilhado e tenha sua Tábua de Pitágoras sempre à mão para quando precisar.

Tábua de Pitágoras

×	1	2	3	4	5	6	7	8	9	10
1	1	2	3	4	5	6	7	8	9	10
2	2	4	6	8	10	12	14	16	18	20
3	3	6	9	12	15	18	21	24	27	30
4	4	8	12	16	20	24	28	32	36	40
5	5	10	15	20	25	30	35	40	45	50
6	6	12	18	24	30	36	42	48	54	60
7	7	14	21	28	35	42	49	56	63	70
8	8	16	24	32	40	48	56	64	72	80
9	9	18	27	36	45	54	63	72	81	90
10	10	20	30	40	50	60	70	80	90	100

RESPOSTAS

PÁGINA 3
Agora é a sua vez:
- 50 unidades.
- 300 unidades.

PÁGINA 5
Exercício:
a) São Paulo.
b) Dois milhões, seiscentos e oitenta e seis mil, seiscentos e doze.
c) Três milhões, cinquenta e cinco mil, cento e quarenta e nove.
Agora é a sua vez:
- Valor absoluto: 3; 7.
- Valor relativo: 300; 2.000.000 e 2.000.

PÁGINA 7
Reforçando:
- 36 e 47 – parcelas.
- 83 – soma ou total.
Exercício:
1) 90.
2) 694.
3) 500.

PÁGINA 9
Reforçando:
- 24 – minuendo.
- 16 – subtraendo.
- 8 – resto ou diferença.
Exercício:
1) 35.
2) 115.
3) 68.

PÁGINA 11
Reforçando:
- 12 e 15 – fatores.
- 180 – produto.
Exercício:
1) 315.
2) 120.
3) 340.

PÁGINA 13
Exercício:
1) 234.
2) 210.
3) 15.

PÁGINA 16
Exercício:
1) $6 \times 8 = 48$; $8 \times 8 = 64$; $9 \times 4 = 36$; $63 \div 7 = 9$; $18 \div 6 = 3$; $40 \div 5 = 8$.
2) O prédio tem 54 apartamentos.
3) 90 ovos.
4) 4 doces.

PÁGINA 18
Exercício:

	inteiros	décimos	centésimos
3,8	3	8	
0,7	0	7	
5,34	5	3	4
12,35	12	3	5

PÁGINA 20
Exercício:
1) 15% – vermelho.
25% – amarelo.
60% – verde.
2) b) 12 meninas.
3) b) R$ 550,00.

PÁGINA 21
Agora é a sua vez:
- 100.
- metros.
- 0,01.

PÁGINA 22
Exercício:
1) 340 metros.

PÁGINA 23
Exercício:
1) 600 g (tablet); 65 kg (geladeira); 10 g (caneta).

PÁGINA 24
Exercício:
1) 1h30min.

PÁGINA 26
1) b) R$ 11,00.
2) a) R$ 210,00.
b) 21 notas de R$ 10,00.
3) c) R$ 115,00.

A matemática está em tudo à nossa volta: nas brincadeiras e nos jogos de computador; nas formas, nos contornos e nas medidas de objetos e do nosso próprio corpo; nos horários; na música; na preparação de receitas; nas compras no mercado e em uma infinidade de situações.

Com este livro, você vai aprender a lidar com os números com mais facilidade e a fazer as operações, inclusive as tabuadas, de maneira descomplicada e com exemplos e atividades presentes no seu dia a dia.

Conteúdo do livro:

SISTEMA DE NUMERAÇÃO DECIMAL **ADIÇÃO**
SUBTRAÇÃO **MULTIPLICAÇÃO** **DIVISÃO**
TABUADA **FRAÇÃO** **PORCENTAGEM**
SISTEMAS DE MEDIDA **SISTEMA MONETÁRIO**

Mari Celli é educadora e professora. Especialista em psicopedagogia, lecionou por mais de trinta anos para alunos do Ensino Fundamental. Atualmente, é diretora de escola.